Auf nach London

Der perfekte Reiseführer für einen unvergesslichen Aufenthalt in London - inkl. Insider-Tipps

Amelie Rosskamp

✈ INHALT

Sightseeing mit der Oyster-Card

Be a Shopping Queen/King

Brighton   82

Das erwartet Sie in diesem Buch ...

In diesem Buch möchte ich Sie an der Vielfalt und dem Zauber, den London bietet, teilhaben lassen. London ist eine Stadt mit vielen Unterschieden, daher sollte für jeden Einzelnen ein absolutes Highlight dabei sein.

Egal, ob Sie lieber durch Parks schlendern, Sightseeing machen wollen oder den Kleiderschrank auffüllen – dieser Ratgeber gibt Ihnen Ratschläge, wie Sie das Beste aus Ihrem Aufenthalt in London herausholen. Ich habe selbst in London gelebt und kenne die Stadt sehr gut und ich weiß, worauf man achten sollte. Ich gebe meine Erfahrungen an Sie weiter. Sie werden erfahren, was Sie vor der Anreise zu beachten haben und wie es am sinnvollsten ist anzureisen.

Für diejenigen, die in Großbritannien Auto fahren werden, gibt es ein gesondertes Kapitel. Für die, die mit den öffentlichen Verkehrsmitteln unterwegs sein werden, gibt es Tipps, wie man am besten die Route und das Ticket auswählt.

Die wichtigsten und interessantesten Informationen über die Wahrzeichen Londons sind enthalten. Sie werden feststellen, dass ich den Märkten ein eigenes Kapitel gewidmet habe, da diese London ein gewisses Flair geben. Sie sollten auf jeden Fall zumindest zu einem gehen. Sie finden auch eine Route für eine Sightseeing-Tour, die Sie auf eigene Faust mit den typischen Londoner Doppeldeckerbussen und der Underground unternehmen können.

Ebenfalls ist eine Tour für alle Harry-Potter-Fans enthalten. Entdecken Sie die Welt von Harry Potter, die sich in London versteckt. Auch für diejenigen, die eine Tagestour von London aus in eine der naheliegenden bekannten Städte vorhaben, habe ich meine Top 5 Tagestouren für Sie aufgelistet. Ich wünsche Ihnen viel Spaß mit diesem Ratgeber und vor allem bei Ihrem Besuch in London.

London der Melting Pot

Woran denken Sie als Erstes, wenn Sie London hören? Bei den meisten mag es eines der Wahrzeichen der Stadt sein: der Big Ben, die Tower Bridge oder vielleicht doch das London Eye. London hat seinen Besuchern jedoch über seine Wahrzeichen hinaus einiges zu bieten, ob es Geschichte, Architektur, Essen, englischer Humor oder das tolle Ambiente ist. Museen und Kunstgalerien, die eintrittsfrei sind, Restaurant, Pubs und Clubs, wo für jeden etwas dabei ist, grüne Parkanlagen zum Entspannen und Spazieren. London bietet viel

Unterschiedliches, unter anderem durch die vielen unterschiedlichen Kulturen, die in London zusammentreffen. Daher wird London auch als „Melting Pot" bezeichnet, was übersetzt *Schmelzkessel* bedeutet.

Samuel Johnson sagte einmal: „Wenn ein Mann müde an London wird, ist er müde am Leben, denn es gibt in London alles, was das Leben zu bieten hat."

Früher bestand London aus zwei Städten, die heute das Greater London bilden. Es gab die City of London, auch als „The City" bezeichnet; hier spielt sich das Geschäftliche und Finanzielle ab. Die City of Westminster, wo sich der Buckingham Palace und der Big Ben zum Beispiel befinden, bildet den zweiten Tel.

Typisch englisch

Jedes Land hat gewisse Klischees, die für die Bewohner typisch sind. In England sind dies unter anderem die Queen, der Buckingham Palast, die Tower Bridge, Cricket, rote Telefonhäuschen, Briefkästen und Doppeldeckerbusse, Fish and Chips, Plumpudding, Tea Time, Pubs und James Bond.

Höflichkeit wird bei den Briten großgeschrieben. Sie werden bei Ihrem Besuch in London öfter ein „Thanks" oder „Sorry" hören. Zurückhaltung und diszipliniertes Verhalten gehören in den Alltag, die Engländer bilden zum Beispiel brav eine Schlange, um in den Bus einzusteigen. Generell wird viel Wert auf ein gutes Verhalten gelegt.

Zweitens: Für viele Briten hat das englische Königshaus einen hohen Stellenwert. Die Royals sind Ihre Vorbilder. Man wird einen Briten niemals schlecht über ihre Queen sprechen hören und jedes Weihnachten wird der jährlichen Christmas-Message, die im Fernsehen ausgestrahlt wird, gelauscht.

Drittens: Jedes Land hat seine eigene Essgewohnheit. Das typische English Breakfast ist deftig und warm. Ein klassisches englisches Frühstück besteht aus Baked Beans auf Toast, Spiegelei, Cumberland Sausages und gebratenen Tomaten. Manchmal gibt es dazu noch English Muffins mit Marmite. Marmite ist ein salziger Brotaufstrich.

Die bekannteste englische Tradition mag wohl der Afternoon Tea sein, bei dem es kleine belegte Sandwiches, Scones mit Marmelade und Kuchen gibt. Zu den Snacks wird schwarzer Tee mit Milch und Zucker oder schwarzer Tee mit Zitrone getrunken. Generell trinken die meisten Engländer gern Tee. Durchschnittlich verbraucht jeder Einwohner ca. 2,3 kg Tee jährlich.

Essig auf Chips lohnt sich ebenfalls zu probieren. Chips sind Pommes, die man mit einem bestimmten Essig isst. In den wenigsten Haushalten gibt es jedoch jeden Morgen warmes und deftiges Frühstück, die Deutschen ernähren sich schließlich auch nicht nur von Bretzel und Weißwurst. Viertens: der trockene englische Humor. Die englische Serie Mr. Bean ist ein Beispiel für den englischen Humor. Aufgrund des beinhalten schwarzen Humors ist die Serie bekannt geworden.

Fünftens: Bleiben wir beim Thema Film: 007 – James Bond, eine Romanfigur von Ian Flemming, die 1952 erfunden wurde. Einige werden ihn aus Filmen kennen. Wiedererkennungswert hat zum Beispiel: 00-Lizenz zum Töten, Wodka-Martini, geschüttelt und nicht gerührt, und das Bond-Girl.

Sechstens: Der Dresscode besagt, dass gedeckte Töne getragen werden. Männer tragen einen gut geschnittenen Anzug und ganz unter dem Motto von James Bond „don't wear brown in town" ausschließlich schwarze Schuhe dazu. Frauen tragen zu besonderen Anlässen stets einen Hut. Auch im Alltag wird sich adrett unter dem Motto Casual Chic gekleidet.

Auf nach London

Die Jahresmitteltemperatur beträgt 9,7 Grad in London. Die meisten sagen, in London würde es immer regnen, natürlich hat London durch die Nähe zum Meer ein Meeresklima, dennoch ist es nicht ganz so schlimm, wie man es sich vorstellt. Wenn Sie an Rom denken, denken Sie an warmes Wetter, oder? Rom hat zum Beispiel eine höhere Niederschlagsrate als London.

Wie Mütter so sind, hatte meine, als ich London lebte, große Angst, dass mir etwas zu stoßen würde. Ich beruhigte sie damals mit den Worten: „Hier ist alles überwacht." London hat so viele Überwachungskameras wie kaum eine andere Stadt.

MIT DEM FLUGZEUG

London hat insgesamt fünf Flughäfen, somit ist die An- und Abreise mit dem Flugzeug sehr bequem. Der Flughafen Heathrow ist 24 km vom Stadtzentrum entfernt und man kann von dort aus mit der District Line Richtung Zentrum fahren.

Gatwick ist ca. 42 km südlich vom Zentrum der Stadt. Stansed befindet sich 50 km nördlich und wird von Billigfluglinien angeflogen. Zum Luton Airport oder London City Airport fliegt man eher selten.

Von Heathrow aus fährt die Piccadilly Line (Londoner Underground) ca. alle 5 Minuten in das Stadtzentrum. Bis zum Piccadilly Circus beträgt die Fahrtzeit ca. 45 Minuten. Die Fahrt kostet ca. 4 Pfund und das Ticket dafür ist am Flughafen erhältlich, genauso wie eine Oyster-Card. Was eine Oyster-Card ist und warum sie sinnvoll ist, erfahren Sie im Kapitel „Von A nach B mit den öffentlichen Verkehrsmitteln".

Die erste Underground fährt unter der Woche um 5 Uhr, am Sonntag um 5.50 Uhr und die Letzte um 23.41 Uhr unter der Woche, am Sonntag um 23.53 h. Man kann auch den Heathrow Express nehmen, der bis Paddington Station nur 15 Minuten benötigt. Der Zug fährt alle 15 Minuten zwischen 5.10 und 0.08 Uhr. Der

Preis liegt bei etwa 15 Pfund. Darüber hinaus gibt es noch die Möglichkeit, den Bus zu nehmen. Der Bus des Nationalexpress fährt zwischen 5.35 h und 21.35 h bis zur Victoria Station. Die Fahrzeit ist immer nach dem Verkehrsaufkommen unterschiedlich. Eine Fahrkarte kostet 11 Pfund.

Vom Flughafen Gatwick kann man mit dem Gatwick Express bis zur Victoria Station fahren. Die Züge fahren zwischen 6.00 Uhr und 0.00 Uhr einmal stündlich. Die Fahrtdauer beträgt ca. 30 Minuten und kosten ca. 18 Pfund. Vom Flughafen Stansed fährt der Stansed Express alle 15 bis 45 Minuten zur Liverpool Street Station. Die Fahrtkarte kostet ca. 16 Pfund.

Für die Express-Züge ist es ratsam, das Ticket vorher im Internet zu erwerben.

Vom Flughafen Luton kann man mit einem kostenlosen Shuttle-Bus bis zum Luton Airport Parkway fahren, von da aus fährt ein Thameslink-Zug rund um die Uhr nach Kings Cross.

Die Fahrzeit beträgt ca. 25 Minuten und die Fahrkarte liegt bei ca. 10 Pfund. Die Docklands Light Railway (DLR) bringt einen vom City Airport zu Canary Wharf oder Bank, von dort aus geht es in verschiedene

Richtungen mit der Underground weiter. Die Fahrkarte liegt bei ca. 4 Pfund.

> Für fast alle Fahrten mit der Underground und Overground kann man die Oyster-Card oder Travelcard nutzen.

MIT DEM ZUG

Eine weitere Möglichkeit ist es, mit dem Zug anzureisen. Man kann den Eurostar-Hochgeschwindigkeitszug durch den Kanaltunnel von Paris und Brüssel bis hin nach London St. Pancras nehmen. Von St. Pancras kann man mit der Underground weiterfahren. Informationen zu Fahrzeiten, Preisen und Buchungen erhält man auf der Homepage: www.eurostar.com.

MIT DEM AUTO

Mit dem Auto anzureisen, ist auch eine Möglichkeit, jedoch ist es aufgrund des Linksverkehrs, der in England gilt, nicht ratsam. Für ca. 50 Euro kann man sich für Hin- und Rückfahrt vom Hafen Calis mit der Fähre nach Großbritannien und wieder zurückbringen lassen. In der Regel legen die Fähren an den Docks in

Dover an, die Straßenschilder „London-Canterbury A2" führen einen nach London. Sollte man an den Western Docks anlegen, folgt man „All routs" und dann „London-Canterbury A2". Auch mit dem Auto kann man sich mit dem Eurotunnel von Calais bis Folkestone befördern lassen.

Neben den Gebühren für den Transport kommt noch für den Innenstadtbereich eine Mautgebühr als zusätzliche Kosten dazu. Diese beträgt ca. 8 Pfund pro Tag. Lediglich Motorräder, Busse und Minibusse sind von der Regelung ausgenommen. Die Gebühr kann an bestimmten Geschäften, Tankstellen oder an Automaten größerer Parkplätze oder bis zu 90 Tage im Voraus über die Website www.cclondon.com bezahlt werden. Wer die Maut nicht verrichtet, dem droht ein Bußgeld von ca. 100 Pfund. Man sollte sein Auto auch nicht in der Maut-Zone mehrere Tage stehen lassen, ohne Maut bezahlt zu haben.

Ein bisschen weiter oben meinte ich, dass man sich in London aufgrund der vielen Kameras sicher fühlen kann. Diese Kameras nehmen in der Congestion-Charge-Zone auch jedes Nummernschild auf.
Vor Ihrer Anreise sollten Sie wissen, dass in Großbritannien zwar die gleiche Stromstärke fließt wie in Deutschland, jedoch benötigt man einen Adapter, um

den deutschen Stecker in die englische Steckdose zu bekommen. Man kann den passenden Adapter in Elektroläden, vielen Flughafengeschäften und meistens sogar am günstigsten im Poundland finden.

Des Weiteren wird mit dem englischen Pfund bezahlt. Mit der EC- bzw. Maestro Card kann man problemlos an Geldautomaten, die das Maestro-Card-Zeichen haben, Bargeld abheben. Je nach Bank wird eine Gebühr für die Abhebung fällig. Teilweise jedoch ist dies bei Partnerbanken auch kostenlos möglich. Zum Beispiel hat die Deutsche Bank die Barclays Bank als Partner.

Als ich in London gelebt habe, bin ich selten mit Bargeld herumgelaufen, da außer auf Märkten, in kleineren Geschäften und Restaurants fast überall bargeldlos Zahlen möglich ist. Bezahlen mit der Visa Card, Master Card, American Express und Diners Club ist häufig als Bezahlmöglichkeit vorhanden. Eine Kreditkarte ist bei Autovermietung und Onlinebuchung meist notwendig. Als Alternative wird oft auch PayPal angeboten. Informieren Sie sich vorab über die Kosten.

Der London Kalender

Das ganze Jahr über gibt es interessante Events in London. Die genauen Termine erfährt man in der Touristeninformation oder im Internet.

Januar:

- Am 1. Januar kann man sich die London Parade anschauen. Da das Datum des Chinese New Year wechselt. Es gehört zwischen den Monaten Januar und Februar. Es wird traditionelle mit einem Drachenpuppen-Umzug, Tanz und chinesischen Spezialitäten gefeiert.

März:

• Am 17. März ist der St.-Patricks-Day, der Feiertag des irischen Nationalheiligen. Der zugehörige Feiertag ist der darauffolgende Sonntag. Es gibt eine große Parade im Zentrum von London und ein öffentliches Festival auf dem Trafalgar Square. Es ist für jede Altersgruppe ein tolles Event.

April:

• Im April findet der London Marathon statt. Ca. 40.000 Teilnehmer starten für einen guten Zweck.

Mai:

• Im Mai ist die viertägige Chelsea Flower Show, die von der Royal Horticultural Society jährlich auf dem Gelände des Royal Hospital in Chelsea verrichtet wird. Traditionell wird die Garten- und Blumenschau von der Queen eingeweiht.

• Ebenfalls im Mai findet das Kew Summer Festival statt. Dies ist eine viermonatige Eventreihe, die jeden Sommer um den botanischen Garten stattfindet.

Juni:

• Am 2. Samstag im Juni findet die Geburtstagsparade für Queen Elizabeth II. in Horse Guards statt.

• Der Derby Day im Juli ist ein Pferderennen für die Royals, den Hochadel und die Reichen. Er findet auf dem Downs Racecourse in Surrey stattfindet.

Juli:

• An drei Wochenenden im Juli bzw. August findet das Dance al Fresco im Regent's Park statt. Es ist ein Freilufttanzfestival. Der Eintritt wird für einen guten Zweck verwendet. Aus den Eintrittsgeldern werden Bäume gepflanzt.

• Im Juli findet auch das Greenwich & Dockland International Festival im Osten von London statt. Es ist eine Freiluftveranstaltung mit Theater, Musicals und verschiedenen Freiluftveranstaltungen.

August:

• Anfang August findet das Great Beer Festival an wechselnden Orten innerhalb Londons statt. Man kann sich durch über 500 Ales und Ciders und ca. 250 ausländische Biersorten probieren.

• Am letzten Sonntag im August findet der Notting Hill Carnival statt. Er ist ein karibischer Straßenkarneval mit einem bunten Umzug und fantasievollen Kostümen. Der Notting Hill Carnival ist angeblich eine der größten Straßenpartys Europas.

September:

• An einem Wochenende im September findet das Mayor's Thames Festival zwischen Westminster und Blackfriars Bridge statt. Es ist Londons größtes Outdoor-Kulturfest mit Tanz, Musik, einer Laternenprozession auf dem Wasser und Feuerwerk.

Oktober:

• Ähnlich, wie wir das Kasperletheater aus Deutschland kennen, findet eine Puppenshow auf der Covent Garden Pizza im Oktober statt.

• Beim London Film Festival präsentieren bekannte Schauspieler und Regisseure aus der ganzen Welt ihre Filme im National Film Theater.

• Das viertägige Festival Diwali ist ein Fest der Hindu- und Sikh-Gemeinde auf dem Trafalgar Square.

November:

• Im November findet das Oldtimer-Rennen London to Brighton Veteran Car Run statt. Nirgendwo anders sieht man mehr gut erhaltene und restaurierte alte Autos als auf dem Londoner Oldtimer-Rennen.

• Die Bonfire Night findet in Erinnerung an den Versuch von Guy Fawkes statt, das Parlament in die Luft zu sprengen. Es findet mehrmals in den unterschiedlichen Stadtvierteln statt, unter anderem im Battersea Park. Es gibt eine große Feuerwerkshow, die mit Musik unterlegt wird.

• Beim State Opening of Parlimament im November fährt die Queen mit ihrer Kutsche vom Buckingham Palace zu den Houses of Parliament, um dort die Sitzungsperiode zu eröffnen oder um eine Rede zu verlesen.

Dezember:

• Die New Year's Eve Celebration findet traditionell am 31. Dezember statt. Rund um Mitternacht versammeln sich Tausende von Menschen auf dem Trafalgar Square.

Öffentliche Verkehrsmittel

LONDON UNDERGROUND

Die Underground und die typischen roten Doppeldeckerbusse sind wohl die bekanntesten Verkehrsmittel, die man von der Stadt London kennt. London bekam im Jahr 1863 die weltweit erste U-Bahn. Diese hatte 275 Stationen und eine Gesamtstrecke von 407 km. Mehr als die Hälfte der Londoner U-Bahnen fahren außerdem – anders als der Name es besagt –oberirdisch. Viele Menschen sind täglich mit der Underground unterwegs. Bei so vielen Fahrgästen wird ab und an schon mal etwas vergessen, wie ein Samurai Schwert, ein ausgestopfter Kugelfisch, ein menschlicher Schädel und ein Sarg, um die kuriosesten Sachen zu nennen.

Sie werden selten einen Briten in den öffentlichen Verkehrsmitteln telefonieren sehen, einerseits, weil sie ihre Mitfahrer nicht belästigen wollen, anderseits hat man meistens eh keinen Empfang. Achten Sie während einer Fahrt mit der Underground mal darauf, wie viele verschiedene Sprachen sie hören, da in London über 300 Sprachen gesprochen werden, wird man die eine oder andere hören.

Empfehlenswert ist die App „Citymapper", die für Android und IOS kostenlos verfügbar ist. Sie ermittelt die Route, zeigt die Abfahrtzeiten an sowie den Preis. Meistens Sie können zwischen Underground, Zug, Bus, zu Fuß oder per Jetpack entscheiden. Ja, Sie haben richtig gehört Jetpack. Dies ist jedoch lediglich ein Spaß, den sich die App erlaubt hat.

OYSTER-CARD

Ratsam ist die London Oyster-Card, da Sie mit ihr die Londoner U-Bahn, Busse, unter anderem die roten Doppeldeckerbusse, Züge von Docklands Light Rail und Züge von London Overground nutzen können. Somit bietet die Oyster Zugang zu den öffentlichen

Verkehrsmitteln. Sie ist eine sehr einfache Methode, um den Verkehr zu nutzen, da sie zu jeder Tageszeit und an jedem Wochentag gilt. Man spart sich die Zeit, um Tageskarten zu erwerben, da die Oyster-Card ein All-inclusive-Fahrschein ist.

Das Verkehrsnetz in London ist in 6 Zonen unterteilt, jede Zone hat einen eigenen Tarif. Die unterschiedlichen Zonen haben ein Tageslimit, was als Preisbeschränkung dient. Spätestens nach Ihrer dritten Fahrt an diesem Tag werden die weiteren Fahrten nicht mehr berechnet. Erworben werden kann sie für 5 Pfund Pfand an fast jedem Flughafen, Bahnhof, Fahrkartenautomat und Kiosk.

Halten Sie Ihre Augen offen nach dem blauen Oyster-Card-Zeichen. Sie wird mit Geld aufgeladen. Entweder bezahlt man das Geld per Bargeld oder per Karte ein. Dies ist an einem Automaten in den Haltestellen oder einem Ticketschalter von Transport of London möglich. Sollte bei Ihrer Abreise noch Geld auf der Karte sein, verfällt das Guthaben nicht oder Sie können die Karte wieder gegen das Pfand zurücktauschen.

Sie können sich auch Ihr ungenutztes Guthaben an einem Ticketschalter von Transport of London auszahlen lassen.

Es lohnt sich, die Oyster-Travelcard auf die Oyster-Card zu laden.

Dies können Sie überall. Wo Sie die Karte auch aufladen können, erwerben.

Sie können sich die Oyster-Travelcard auch vor Ihrer Anreise per Post zuschicken lassen, so können Sie die Fahrkarte gleich bei Ihrer Ankunft in London nutzen. Inbegriffen ist der Transfer vom Flughafen London Heathrow und dem Flughafen London City. Die Express-Züge sind nicht inbegriffen.

Der Linksverkehr

Wer in England Auto fährt, sollte ein paar Sachen über den Linksverkehr wissen. Vorab: Es ist nicht ratsam mit einer Linkslenkung, dass Automodelle welches wir in Deutschland normalerweise haben, unterwegs zu sein.

Sollte man mit einer Linkslenkung in Großbritannien fahren, braucht man eine Teilabdeckung für den Scheinwerfer, um aufgrund der asymmetrischen Ausleuchtung den Gegenverkehr nicht zu blenden. Ich werde die Rechtslenkung nun im fortlaufenden Text als selbstverständlich nehmen, die Sie bei einem englischen Mietfahrzeug hätten. Der deutsche Führerschein ist Großbritannien gültig, wer länger als ein Jahr zu bleiben plant, muss den britischen Führerschein erwerben. Man stellt es sich kompliziert vor, zu fahren, dabei ist es dies gar nicht. Ich selbst habe den Linksverkehr deutlich angenehmer gefunden. Die einzige wirkliche größere Umstellung ist, dass man anstatt mit der Rechten mit der linken Hand schaltet. Die Pedale befinden sich an gleicher Stelle, die Füße arbeiten also, wie man es kennt.

Die Regeln, die im Straßenverkehr gelten, sind überschaubar. Um nicht als Geisterfahrer zu enden, gibt es einen kleinen einfachen Tipp: Als Fahrer müssen Sie sich immer in der Mitte der Straße befinden. Überholt wird von rechts.

Die Beschilderung ist klar und übersichtlich, große Tafeln, leicht erfassbare Symbolik und eine sehr gute Typografie machen die Ausschilderung einfach. Motorways erkennen Sie an den blauen Tafeln, grün mit gelber Schrift haben die Primary Roads, Gemeindestraßen haben einen weißen Untergrund und schwarze Schrift.

Baustellenschilder sind gelbe Schilder, auf denen des Öfteren auch „Sorry for any delay" steht, die englische Höflichkeit bleibt auch im Straßenverkehr erhalten. Die Geschwindigkeit wird in Meilen pro Stunde angegeben, abgekürzt mpH. 1 mpH beträgt 1,6 km/h.

Innerhalb geschlossener Ortschaften gilt das Tempolimit von 30 mpH, manchmal sogar auch nur 20 mpH. Bitte beachten Sie die Straßenschilder. Außerhalb geschlossener Ortschaften liegt das Tempolimit bei 60 bis 70 mpH. Ebenfalls darf man auf Autobahnen 70 mpH fahren.

Parken darf man, wo eine gelbe Linie sich am Straßenrand befindet, befindet sich stattdessen eine durchgezogene weiße Linie, bedeutet dies Parkverbot, eine doppelte durchgezogene weiße Linie bedeutet Halteverbot. Teilweise gelten die Verbote nur für bestimmte Zeiten, hier heißt es auch wieder: Schilder beachten.

Des Weiteren gibt es rote Linien, die das Halteverbot noch mal unterstreichen, um einen flüssigen, ungehinderten Verkehr zu erzeugen. Parkplätze sind Mangelware in London. Kostenfreie Kurzparkzonen erkennt man an der gestrichelten gelben Linie. Die Parkdauer am Straßenrand ist meistens auf eine halbe bis zwei Stunden begrenzt. Parken entgegen der Fahrtrichtung wird fast überall toleriert. Vorsicht sei geboten vor den gelben Boxen, die in zweierlei Ausführung in Großbritannien vorhanden sind:

Eine kleine gelbe Box befindet sich am Straßenrand und ist ein Blitzer. Die andere gelbe Box ist aufgemalt auf die Straße, vor allem bei großen

Kreuzungen, Feuerwehrausfahrten usw. und muss wie der „Keep clear" Bereich freigehalten werden. Man darf diesen Bereich überfahren, aber auf keinen Fall drinnen stehen bleiben. Ein teures Ticket droht, wenn man länger als 3 Sekunden in der Box steht. Dies gilt nicht für Rechtsabbieger.

Wer sich im großen Kreisverkehr befindet, hat Vorfahrt. Man fährt im Uhrzeigersinn durch ihn hindurch. Beim Einfahren ordnet man sich links ein, man blinkt links, wenn man die erste Ausfahrt wieder raus will, für die Zweite betätigt man den Blinker erst bei der Ausfahrt und für die Dritte ordnet man sich rechts ein und blinkt dafür rechts, bei der Ausfahrt dann links. Sollte es jedoch ein kleiner Kreisverkehr sein, hat immer der, der sich rechts von einem befindet, Vorfahrt.

Straßen, wo die Vorfahrtsregel nicht gilt, sind durch Schilder wie „STOP" oder „GIVE AWAY" gekennzeichnet. Befindet sich eine doppelte weiße Querlinie auf dem Boden, heißt dies ebenfalls STOP, einen unterbrochene verlangt, dass man langsam heranfährt. Wenn keine Kennzeichnung vorhanden ist, muss man sich einig werden. Auf Landstraßen ist Vorsicht geboten, da sie des Öfteren eng und kurvenreich sind. Auf Motorways wird häufig geblitzt, auch hier sollte man keine Strafe riskieren. Die Strafen sind sehr hoch angesetzt. Wer zum Beispiel während der Fahrt ohne Freisprecheinrichtung telefoniert, dem drohen bis zu 100 Pfund Strafe.

Nicht Anlegen des Gurtes 25 Pfund. Falschparken liegt zwischen 25 und 75 Pfund. Wenn man das Überholverbot missachtet, kann eine Strafe zwischen 100 und 400 Pfund warten. Wer über eine rote Ampel fährt, der kann mit 200 Pfund rechnen. Bis zu 3000 Pfund werden fällig, wenn man mit Alkohol im Blut fährt.

Kurz gesagt: Es empfiehlt sich, die Regeln einzuhalten. Einige meinen, dass das Verhalten der Engländer am Steuer defensiv sei, sich an Höchstgeschwindigkeit gehalten wird und wenn jemand es eilig hat und auf schnelles Durchkommen besteht, man freiwillig Platz macht. Ich persönlich hatte im Londoner Stau das Gefühl, das jeder so fährt, wie er gerade will und sich alles rausnimmt, aber es wird sich zumindest mit Handzeichen bedankt und man bewahrt dadurch ein kleines Stück Höflichkeit.

Ob man es sich zutraut, im Linksverkehr zu fahren, sollte jeder sich selbst fragen. Aufgrund des gut ausgebauten öffentlichen Verkehrssystem ist man nicht auf ein Auto in London angewiesen und meistens sogar schneller. Für eine Strecke von 4,5 Meilen, die ich unter der Woche täglich mit dem Auto gefahren bin, brauchte ich manchmal nur 30 min, aber es konnten für die gleiche Strecke auch 2 Stunden benötigt werden.

London entdecken

Viele Sehenswürdigkeiten in London sind kostenlos. Doch andere hingegen kosten Eintritt, wenn man mehrere besuchen will, kann eine hohe Summe zusammenkommen, daher lohnt es sich des Öfteren, eine City Card zu erwerben, mit der man Geld und Zeit spart.

LONDON PASS – ZEITBASIERTER PASS

Mit dem umfangreichen London Pass kann man eine Menge Geld bei dem Eintritt sparen. Über 80 Attraktionen sind inbegriffen, wie zum Beispiel Tower of

London, Tower Bridge, Westminster Abbey, The Shard, Stadien von Chelsea und Arsenal, London Zoo, Windsor Castle, St. Paul's Cathedral und viele mehr. Jedoch leider nicht das London Eye. Der Pass ist entweder für 1, 2, 3, 6 oder 10 aufeinanderfolgende Tage gültig und läuft nach den Tagen automatisch ab.

Er ermöglicht Ihnen, für einen festgelegten Preis so viele Sehenswürdigkeiten zu besichtigen, wie Sie mögen. Dazu kommt, dass die meisten Fast Tracks enthalten sind, das heißt, man kann bei verschiedenen Attraktionen die Warteschlange umgehen. Darüber hinaus kann man ein Oyster-Travelcard dazubuchen. Der Pass kann vorab online bestellt werden. Entweder wird er einem zugeschickt, man lädt sich die App auf sein Smartphone oder man holt ihn in London persönlich ab.

LONDON EXPLORER PASS – ATTRAKTIONSBASIERTER PASS

Der London Explorer Pass ist ebenfalls ein Spar-Pass, der jedoch flexibler ist. Er ist nicht auf Tage, sondern auf Sehenswürdigkeiten begrenzt. Er ist nach dem ersten Einsatz 30 Tage lang gültig. Man kann zwischen 3, 5 oder 7 von den mehr als 20 inbegriffenen

Sehenswürdigkeiten auswählen. Sie buchen nur so viele Sehenswürdigkeiten, wie Sie besuchen möchten. Welche Sehenswürdigkeit man schließlich besichtigt, kann man spontan vor Ort entscheiden.

Unter die 20 inbegriffenen Sehenswürdigkeiten fallen zum Beispiel das Coca-Cola London Eye, Sea-Life, eine Hop-on-/Hop-off-Bustour, Madame Tussauds und vieles mehr. Leider fehlen jedoch Highlights wie der Tower of London oder The Shard.

Man bezahlt den London Explorer Pass einmalig für die gewünschte Anzahl an Sehenswürdigkeiten und hat kostenlosen Eintritt in die ausgewählten Attraktionen. Fast Tracks sind nicht beinhaltet. Der Pass kann vorab online bestellt werden, entweder wird er einem zugeschickt oder man lädt sich die App auf sein Smartphone.

> Überlegen Sie, ob und wenn ja, welcher Pass zu Ihren Plänen passt

PICCADILLY CIRCUS

Am Piccadilly Circus laufen 5 Straßen sternförmig zusammen. Doch nicht die Straßenanordnung hat ihn bekannt gemacht, sondern die an den Hausfassaden riesigen Reklameschilder. Der Eros-Brunnen, der sich in der Mitte des Platzes befindet, wurde von Alfred Gilbert im Jahr 1893 im Andenken an Ashley Cooper errichtet. Ashley Cooper war ein Adeliger, der mit eigenen Geldern das Elend im Eastend (die Bezirke östlich des mittelalterlichen Stadtkerns und nördlich der Themse) durch Einrichtung von Suppenküchen und Schulen verringerte. Der geflügelte Engel ist ein Symbol der großzügigen Unterstützung.

TRAFALGAR SQUARE

Durch seine zentrale Lage und seine Größe von 12.000 Quadratmetern ist der Trafalgar Square das ganze Jahr über Schauplatz für viele Veranstaltungen. So findet hier zum Beispiel das Weihnachtssingen und das St. Patrick's Day Festival statt. Es können sich ca. 20.000 Menschen gleichzeitig auf ihm versammeln. Die Nelsonsäule mit einer Statur an deren Spitze wurde erbaut, um den Kriegshelden Admiral Lord Nelson zu ehren 1842.

Um den Fuß der Nelsonsäule herum befinden sich große, aus Bronze bestehende Löwenskulpturen, auf die Touristen für ein Foto gern hinaufklettern. Ebenfalls befinden sich zwei große Brunnen auf dem Platz, die eine schöne Sitzgelegenheit bieten, um das Treiben der Stadt zu beobachten.

NATIONAL GALLERY UND NATIONAL PORTRAIT GALLERY

Nördlich des Trafalgar Square befindet sich National Gallery. Durch viele kleine Privatsammlungen wurde sie zur größten Gemäldegalerie der Welt. Sie beinhaltet italienische Malerei aus dem 15. und 16. Jahrhundert sowie aus dem 17. Jahrhundert niederländische, flämische und französische Gemälde.

Zusätzlich gibt es auch wechselnde themenbezogene Sonderausstellungen. Im östlichen Teil der National Gallery befindet sich der Eingang zur National Portrait Gallery. Hier kann man Tausende von Porträts berühmter Engländer bestaunen. Nicht nur Porträts von Herrschern kann man bestaunen, sondern auch von Wissenschaftlern, Künstlern, Literaten, Architekten, Politikern und Abenteurern.

LEICESTER SQUARE

Der Leicester Square ist das Zentrum der Londoner Theaterlandschaft. Vorhanden sind hier mehrere große Kinos und mehr als 30 Theater. Alle von ihnen haben Tradition und Geschichte.

Die Theaterhäuser des Westends dürfen lediglich kommerziell erfolgreiche Stücke spielen und diese bleiben so lange auf dem Spielplan, wie sie ökonomisch notwendig und gewinnbringend sind.

Im Zentrum des Platzes steht eine Statue von Charlie Chaplin, um diesen zu ehren. An den Ecken des Platzes lassen sich weitere Denkmäler von William Hogarth, Joshua Reynolds und Isaac Newton erblicken.

> Tipp: Sie wollen gern ein Stück sehen? Probieren Sie Ihr Glück am selben Tag, denn da werden die restlichen Theaterkarten zum halben Preis angeboten

COVENT GARDEN

Das Bekannteste an diesem Londoner Viertel mag das königliche Opernhaus sein, indem hervorragende Opernaufführungen stattfinden. Im heutigen Viertel haben damals die Römer Teile ihrer Siedlung Londinium errichtet. Der Name Covent Garden tauchte erstmals im Mittelalter auf. Der damalige König erwarb ein Stück Land, auf dem Obst und Gemüsesorten angebaut wurden und auf umliegenden Märkten verkauft wurden. So gehörte das Markttreiben schon damals dazu. Heutzutage ist die Markthalle aus der beginnenden Industrialisierung eine Sehenswürdigkeit die Kultur und Vergnügen vereint. Neben Lebensmitteln gibt es Schmuck, Kleidung, Antiquitäten, Schreibwaren und zum Beispiel auch einen Apple Store.

Zahlreiche Straßenkünstler findet man um und in der Markthalle. Nebenan befindet sich das London Transport Museum, wo es unter anderem um die Geschichte der roten Doppeldeckerbusse geht.

WESTMINSTER ABBEY

Eine der berühmtesten englischen Kirchen ist das Westminster Abbey. In dieser besonderen Kirche werden die britischen Monarchen gekrönt und auch beigesetzt. So befinden sich hier die Gräber von Elisabeth I. und Maria Stuart.

Auch berühmte Persönlichkeiten wurden hier beigesetzt wie Charles Dickens und Isaac Newton. Der Herrscher Heinrich III. gab den Bau der Kirche 1245 in Auftrag. Es dauerte ca. 24 Jahre, bis die Kirche nahezu fertiggestellt war. Die markanten Türme wurden erst im 18. Jahrhundert nachträglich erbaut, daher besteht der Westminster Abbey aus verschiedenen Baustilen aus verschiedenen Epochen. Der Dekan der Kirche wird von der Königin oder dem König persönlich berufen, da sie die Eigenkirche der britischen Monarchie ist. Wenn Sie sich gern mehr über die Geschichte des Westminster Abbey informieren möchten, können Sie dies in dem Museum, welches sich in der Unterkirche befindet, tun. Dort sind unter anderem Begräbnisgegenstände der Könige von England, Nachbildungen der Kronjuwelen und historische Gemälde der Monarchen zu besichtigen.

Öffnungszeiten: täglich von 9.30 bis 15.30 Uhr

Eintritt: Erwachsene bezahlen ca. 20 Pfund, Kinder bis 16 Jahre 9 Pfund und Kinder bis 5 Jahre haben freien Eintritt. Im Eintritt ist ein Audioguide enthalten.

Tipp: Hören Sie dem Kirchenchor zu (ab 17 Uhr unter der Woche, außer sonntags), dadurch kann man die Kirche kostenlos besichtigen. Man sollte jedoch möglichst 30 Minuten vorher da sein

BUCKINGHAM PALACE

Das ursprüngliche Gebäude wurde 1703 von dem Architekten William Winde im Auftrag des Staatsmannes und Herzogs John Sheffield errichtet. Mit der Zeit wurde die Residenz erweitert und zu dem heutigen Palast umgebaut. Der Buckingham Palace ist seit 1837 die offizielle Residenz der britischen Herrschaft. Aktuell residieren Königin Elisabeth II. und ihr Gemahl Prinz Phillip in ihm.

Er wird auch für offizielle Staatsanlässe genutzt und zum Empfang von Staatsoberhäuptern aus dem Ausland. Nicht nur der Buckingham Palace ist eine beliebte Sehenswürdigkeit, sondern auch die Queen's Gard, die in ihrer Paradeuniform aus roten Jacketts und der schwarzen Bärenfellmütze stramm und bewegungslos vor dem Palast Wache stehen. Besonders beliebt bei Touristen ist der Wachwechsel. Es eine streng geregelte Zeremonie, bei der die Wachen ausgewechselt werden.

Von April bis Juli findet die Zeremonie täglich statt. Von August bis März nur jeden zweiten Tag ab 11 Uhr und dauert ca. eine halbe Stunde.

> Tipp: Seien Sie rechtzeitig dort, um einen guten Platz zu ergattern.

Das Innere des Buckingham Palace kann man besichtigen, jedoch können die 19 State Rooms nur von Ende Juli bis September, wenn die Queen in Schottland ist, besichtigt werden.

BRITISH MUSEUM

Zu den Sehenswürdigkeiten zählen unter anderem die zahlreichen Museen, die sich in London befinden.

Die meisten Museen sind kostenfrei.

Das British Museum ist eines der größten und wichtigsten in der Stadt. Es ist älter als die USA und allen, die den Film „Nachts im Museum – Das geheimnisvolle Grabmal" gesehen haben, sollte es bekannt vorkommen. Sie mögen vielleicht über diese Information amüsiert sein, das British Museum war jedoch „not amused".

Viele Fakten wurden in dem Film falsch dargestellt. Es werden unter anderem Exponate gezeigt, die nicht vorhanden oder in Wirklichkeit nur wenige Zentimeter groß sind. Unter anderem gibt es kein Triceratops-Skelett im British Museum. Man kann jedoch das Dinosaurier-Skelett nur im Natural History Museum bestaunen.

Das British Museum wurde im 18. Jahrhundert gegründet und hat eine große kulturelle Bedeutung. Man mag aufgrund des Namens vermuten, dass man hier die englische Kulturgeschichte vorfindet, jedoch zeigt die Ausstellung ägyptische Mumien, Statuen aus dem alten Athen, die Hieroglyphen auf dem Stein von Rosetta und vieles mehr – kurz gesagt: Die Ausstellung beinhaltet Kulturgeschichte der gesamten Menschheit.

Öffnungszeiten: täglich von 10.00 bis 17.30 Uhr

Eintritt: kostenlos

TOWER OF LONDON

Der Tower of London heißt eigentlich Her Majesty's Royal Palace and Fortress the Tower of London. Er ist eine Festungsanlage mit zwei Festungsringen und wurde im 11. Jahrhundert errichtet. Der Tower of London ist heute das Zuhause der Kronjuwelen, die schätzungsweise einen Wert von 20 Milliarden Pfund haben.

Nicht immer beherbergte er die Kronjuwelen, er war unter anderem ein Zoo, ein Observatorium, der Königspalast und ein Gefängnis. Die letzte Hinrichtung erfolgt an dem deutschen Spion Josef Jakobs am 14. August 1941.

Heute kann man die Dauerausstellung der Kronjuwelen und zahlreiche Sonderausstellungen besuchen. Aber nicht nur die Kronjuwelen haben einen hohen Wert, die Uniformen der Yeoman Wards, der Wächter des Turms, liegen bei ca. 8.000 Euro. Es werden kleine Theaterszenen über verschiedene Epochen der britischen Geschichte nachgespielt. Sechs Raben leben im Tower of London. Charles II. ordnete an, 6 Raben sollen in ihm leben, um ihn zu schützen.

Charles starb 1685, der Aberglaube besteht bis heute. Es gibt sogar einen Ersatz-Raben, falls einer wegfliegen sollte. Nach dem Mythos würde der Turm ohne Raben zerbröckeln und großes Unheil über die Nation kommen.

Das traditionelle Abschließen des Towers erfolgt seit über 700 Jahren. Die Zeremonie ist kostenlos.

Tipp: Kümmern Sie sich rechtzeitig um ein Ticket. Die Anfrage muss per Post erfolgen und muss die vollständigen Namen der teilnehmenden Personen erhalten, die Auswahl von zwei Terminen zwischen dem 1. April bis 31. Oktober, einen an sich selbst adressierten Rückumschlag und einen internationalen Antwortschein im Gegenwert des Portos (erhältlich bei der Post)
Die Adresse lautet:
Ceremony of the Keys Office

Tower of London

LONDON, EC3N 4AB

Great Britain

Öffnungszeiten: Dienstag bis Samstag von 9 bis 16.30 Uhr und Sonntag bis Montag von 10 bis 16:30 Uhr. Der letzte Einlass ist um 16:30 Uhr

Eintrittspreis: Erwachsene bezahlen 21,50 Pfund, Kinder bis 15 Jahre 9,70 Pfund.

TOWER BRIDGE

Die Tower Bridge ist wohl die bekannteste Brücke der über 850 Brücken, die es in London gibt. Sie hat eine Gesamtlänge von 244 Metern und die beiden Türme haben eine Höhe von ca. 65 Metern, davon jedoch nur ca. 9 Meter über der Themse.

Sie ist eine Straßenbrücke, über die man mit einem der typischen roten Doppeldeckerbusse fahren kann. Regelmäßig wird die Klappbrücke jedoch für größere Schiffe geöffnet. Die Tower Bridge war nicht immer blau mit rot und weiß. 1977 wurde sie von schokoladenbraun auf diese Farben um gestrichen. Grund für die Veränderung war das silberne Jubiläum der Queen.

Für umgerechnet ca. 12 Euro kann man die Ausstellungsräume, die sich in den Türmen befinden, besichtigen. Ein Highlight ist der Fußgängerübergang zwischen den Türmen, der einen Glasboden hat. Bis 1910 konnte man diesen Fußgängerüberweg einfach so entlanglaufen, offiziell wurde er aufgrund mangelnder Nutzung geschlossen, der eigentliche Grund soll jedoch sein, dass dieser Weg vor allem von Prostituierten benutzt wurde.

Öffnungszeiten: Von April bis September von 10:00 bis 17:30 Uhr und von Oktober bis März von 9:30 bis 17:00 Uhr.
Eintrittspreis: Erwachsene bezahlen 9,80 Pfund und Kinder bis 15 Jahre (nur in Begleitung von Erwachsenen) 4,20 Pfund.

THE SHARD

Mit seiner Form und Bauweise ist The Shard einer der futuristischsten Wolkenkratzer. Das 310 Meter hohe Gebäude wurde im Baustil der Postmoderne mit 11.000 Glasplatten vom Architekten Renzo Piano errichtet. Renzo Piano hat unter anderem auch das New York Times Building entworfen.

Aktuell ist es das höchste Gebäude, das in der Europäischen Union vorhanden ist. The Shard sieht mir seiner Spitzenform, die einem Eiszapfen ähnelt, nicht nur modern und jung aus, sondern es ist noch ein sehr junges Wahrzeichen Londons, schließlich wurde es erst zwischen 2009 und 2012 errichtet. Da Nachhaltigkeit immer mehr im Trend ist, sind die Baumaterialien zu 95 Prozent recycelbar. Auf dem Stockwerk 68, 69 und 71 befindet sich eine Aussichtsplattform, auf die man gehen kann. Neben der Aussichtsplattform gibt es auch 4 Restaurants, 2 Bars und 1 Hotel in The Shard. Von den Aussichtsplattformen hat man einen atemberaubenden Panoramablick. Hier lohnt es sich, das Ticket im Voraus über das Internet zu buchen.

Öffnungszeiten: Von November bis März, Sonntag bis Mittwoch von 10.00 bis 19.00 Uhr und Donnerstag bis Samstag von 10.00 bis 22 Uhr. In den Monaten April bis Oktober täglich von 10.00 bis 22.00 Uhr, außer samstags, da hat es von 10.00 bis 22.15 Uhr geöffnet.
Der letzte Einlass ist jeweils eine Stunde vor Schließung.
Eintritt: Erwachsene bezahlen ca. 31 Pfund und Kinder bis 15 Jahre 17 Pfund.

Tipp: Wenn Sie eine tolle Aussicht über London haben wollten, jedoch kein Geld ausgeben wollen, sollten Sie online ein Ticket für den Sky Garden buchen.

TATE MODERN

Neben den vielen historischen Sehenswürdigkeiten hat London auch Modernes zu bieten. Im Bereich der Kunst bietet London viel Modernes. Die Tate Gallery of Modern Art, abgekürzt Tate Modern, ist eines der größten Museen für zeitgenössische und moderne Kunst. Das Tate Modern befindet sich in der ehemaligen Bankside Power Station, die ein Ölkraftwerk war. Heute sind Werke von Van Gogh, Cézanne, Picasso, Matisse und weiteren Künstlern ausgestellt. Die wechselnden Sonderausstellungen widmen sich bemerkenswerten zeitgenössischen Künstlern.

Tipp: Trinken Sie etwas im Café und genießen Sie an der Glasfront den Ausblick auf die Themse.

Öffnungszeiten: Samstag bis Donnerstag von 10.00 bis 18.00 Uhr, Freitag bis Samstag von 10.00 bis 22.00 Uhr
Eintritt: kostenlos

HOUSE OF PARLIAMENT UND BIG BEN

Das britische Parlament tagt im Westminster Palace, eine der bedeutendsten Sehenswürdigkeiten in London. Big Ben steht für „großer Benjamin" und bezeichnet die größte Glocke, die sich im Turm namens Elizabeth Tower des Palace of Westminster befindet. 2012 bekam der Turm den Namen Elizabeth Tower zu Ehren der Queen Elizabeth II.

Umgangssprachlich nennt man den ganzen Turm Big Ben. Der 96 Meter hohe Turm diente früher als ein berühmt-berüchtigtes Gefängnis Englands. Bedeutende Persönlichkeiten saßen in diesem Gefängnis ein, vorgesehen war es für Mitglieder des Parlamentes. Der letzte Inhaftierte war der Politiker Charles Bradlaugh, weil er sich weigerte, die religiöse Eidesformel zu leisten.

LONDON EYE

Einer der beliebtesten kostenpflichtigen Sehenswürdigkeiten ist das London Eye, welches auch Millennium Wheel genannt wird. Das „Auge von London" ist aktuell mit einer Höhe von 135 Metern das höchste

Riesenrad Europas und das viertgrößte Riesenrad der Welt und ermöglicht dadurch einen wundervollen Blick über London. Fast 40 km weit kann man bei gutem Wetter sehen, also bis hin zum außerhalb liegenden Schloss Windsor. Insgesamt hat es 32 Glasgondeln, in die jeweils 30 Personen passen. Eine Fahrt dauert ca. 30 Minuten. Bei Dunkelheit hat das London Eye eine besondere Atmosphäre. Das London Eye leuchtet in verschiedenen Farben, deren Lichter sich in der Themse spiegeln.

Tipp: Kaufen Sie das Ticket online.
Wer sich für „Fast Track Ticket" entscheidet, muss sich nicht in der täglich aufkommenden Schlange anstellen.

SOUTH BANK

Die South Bank ist das Flussufergebiet in der Innenstadt von London. Es befindet sich gegenüber dem Big Ben und dem House of Parliament. Von hier aus sieht man viele Touristenattraktionen und berühmte Architekturen. Das Jahr über verteilt, finden hier Veranstaltungen und Festspiele statt.

> Tipp: Bei Nacht hat das Ganze ebenfalls ein tol-les Flair und ist nicht so überlaufen. Der Geruch der Themse ist durch die fehlende Wärme nicht so stark.

Am schlimmsten stank die Themse wahrscheinlich 1858, so stark, dass Parlamentsmitglieder aus ihrem Amtsgebäude auszogen. Der Grund dafür war, dass über 2 Millionen Menschen ihr Abwasser in die Themse führten.

ST. PAUL'S CATHEDRAL

Die Westminster Abbey und die St. Paul's Cathedral sind wohl die bekanntesten sakralen Bauten von London. Sie ist nicht nur eine bedeutende Kirche, sondern auch aus architektonischer Sicht sehr beeindruckend. Im 17. Jahrhundert wurde sie im klassizistischen Barockstil erbaut. 1666 kam es zu einem großen Brand in der Innenstadt von London.

Es brannten große Teile der City of London komplett nieder. Im Zuge des Wiederaufbaus wurde anstelle der vorherigen Bischofskirche Londons die St. Pauls Cathedral errichtet. Im Lauf der Geschichte wurde sie der Schauplatz bedeutender Ereignisse. Eines den neueren Ereignissen ist die Trauung 1981 von

Diana, Princess of Wales, und Prinz Charles.

> Öffnungszeiten: Montag bis Samstag von 8.30 bis 16.30 Uhr
>
> Eintritt: Erwachsene zahlen 18 Pfund, Kinder bis 17 Jahre 7 Pfund und Kinder bis 5 Jahre haben freien Eintritt.

KENSINGTON PALACE

Früher wohnte Prinzessin Diana in diesem Palast, heute können Besucher ihn besichtigen und Einblicke in die Geschichte und das Leben der Königsfamilie bekommen. Hier befindet sich auch die Parkanlage Kensington Gardens, die an den Hyde Park anschließt. Das Schloss befand sich bis 1689 im Privatbesitz und wurde dann von Mary II. und Wilhelm III., den Herrschern von England, Schottland und Irland ausgebaut.

Es wurde zu der Residenz der Herrscher mit viel Prunk und einer aufwendigen Inneneinrichtung, die man bis heute bewundern kann. Die verschiedenen Ausstellungen widmen sich den Mitgliedern der königlichen Familie, so zum Beispiel Königin Victoria oder Diana, Princess of Wales.

Öffnungszeiten: Täglich von 10 bis 16 Uhr. Der letzte Einlass ist eine Stunde vor Schließung.

Eintrittspreise: Erwachsene bezahlen 15,50 Pfund und Kinder unter 16 Jahre haben freien Ein-tritt.

SCIENCE MUSEUM

Im Science Museum sind auf 5 Stockwerken Besonderheiten der Wissenschaft mit interaktiven Stationen für Jung und Alt verteilt. Man findet in der „Making the Modern World Gallery" zum Beispiel die Kommandokapsel Apollo 10, welche zur Vorbereitung der Mondlandung von Apollo 11 um den Mond flog.

Des Weiteren kann man die älteste erhaltene Dampfmaschine und die klassische Dampfmaschine von James Watt in der Energy Hall betrachten. Interessant ist auch die „Who am I? Galerie", wo man an interaktiven Stationen viele Fragen über den Menschen und sich selbst beantwortet bekommt.

Die „Flight Galerie" beschäftigt sich mit der Geschichte der Luftfahrt. Außerdem gibt es zum Beispiel auch noch die „Atmosphere Gallery" die sich mit dem Thema Klima beschäftigt. Der moderne und bunt gestaltete Bereich geht auf die Vergangenheit und Zukunft unseres Klimas ein.

Öffnungszeiten: Täglich von 10.00 bis 18.00 Uhr. Der letzte Einlass ist um 17.15 Uhr.
Eintritt: kostenlos (Die wechselnden Ausstel-lungen sind kostenpflichtig)

NATURAL HISTORY MUSEUM

Durch einen Fußgängertunnel gelangen Sie von der Underground Station South Kensington zum Natural History Museum. Rechnen Sie Zeit zum Anstehen an, vor allem bei regnerischem Wetter.

Um Wartezeiten zu verringern, hat man von Montag bis Freitag ab Mittag und am Wochenende und in den Ferien sofort morgens die beste Chance.

Der weltbekannte Dinosaurier-Bereich ist immer noch die Hauptattraktion. Man kann riesige ausgestellte Dinosaurierskelette betrachten. Unter anderem das erste gefundene T-Rex Skelett, das Skelett eines Iguanodon, eine der ältesten Dinosaurierarten, und ein 8 Meter langes Modell eines animierten T-Rex. Die Bewegung des Kopfes, das Maul aufreißen, den Schwanz bewegen und das laute furchterregende Brüllen: Mancher glaubt, er sei echt.

Insgesamt gibt es vier Zonen. Die blaue Zone zeigt die Vielfalt des Lebens auf der Erde. Neben den Dinosauriern bekommt man Einblicke über Amphibien, Reptilien, Fische, Mammuts, Blauwale und viele weitere Arten.

Die rote Zone zeigt die Naturmächte von der menschlichen Evolution über Vulkane bis zu Erdbeben. In der grünen Zone bekommt man einen Einblick in das Zusammenspiel von der Evolution der Erde, der Umwelt und den Tieren. In der vierten Zone, orange, ist das Darwin Center, die ruhigen Lebensräume und Flora und Fauna des Naturgartens.

Öffnungszeiten: Täglich von 10.00 bis 17.50 Uhr. Letzter Einlass ist um 17.30 Uhr.

Eintritt: kostenlos

VICTORIA & ALBERT MUSEUM

Wer sich für Kunst und Design interessiert, ist im Victoria & Albert Museum richtig. Artefakte aus 3.000 Jahren und verschiedenen Kulturen der Welt kann man im Victoria & Albert Museum betrachten. Es ist in 5 Bereiche aufgeteilt: Europa, Asien, Materialien und

Techniken, Moderne und wechselnde Ausstellungen. Schauen Sie sich auf alle Fälle die Trajanssäule an (Europa, Ebene 1, Raum 46a), die das größte Exponat der Ausstellung ist. Wenn Sie mit einem Kind das Museum besuchen, holen Sie sich auf jeden Fall einen Entdecker-Beutel, um spielerisch das Museum zu erkunden.

Genießen Sie ein Getränk in einem der drei prunkvollen Cafés innerhalb des Museums.
Öffnungszeiten: Täglich von 10.00 bis 17.45 Uhr und am Freitag bis 22.00 Uhr.
Eintritt: kostenlos

NOTTING HILL

Notting Hill ist durch den gleichnamigen Film mit seinen bunten Häusern weltberühmt geworden. Hier befinden sich kleine Läden mit Vintage-Kleidung, Antiquitäten, Bücher und Biolebensmittel. Samstags findet der Portobello Road Market statt. Der Markt ist ca. 2 km lang und bietet verschiedene interessante Stände. Um Souvenirs oder ungewöhnliche Geschenke zu erwerben oder einfach zum Schlemmen, ist er optimal.

Sightseeing mit der Oyster-Card

Start der Sightseeingtour mit der Oyster-Card ist an der Waterloo Station, dabei ist es empfehlenswert, nach 9:30 Uhr zu starten, um nicht in den Berufsverkehr zu geraten.

> Der Buchstabe hinter der Bushaltestelle zeigt an, von welcher Straßenseite bzw. Position man einsteigt.

Bitte informieren Sie sich vorher, ob Busse oder Züge ausfallen.

Sie können die App „Citymapper" nutzen, um sich die aktuellen Verbindungen anzeigen zu lassen.

Die Tour plant keine langen Aufenthaltszeiten bei den einzelnen Stationen ein. Wer sich mehr Zeit für jeden einzelnen Stopp nehmen möchte, sollte die London Tour anstatt an einem Tag an zwei Tagen einplanen.

Von der Waterloo Station ist es ein Katzensprung zum London Eye. Machen Sie einen Spaziergang an der Southbank und entdecken Sie das House of Parliament mit dem berühmten Big Ben. Weiter geht der Spaziergang zur Westminster Abbey. Mit den Buslinien 3, 12, 88 oder 159 geht es dann von der Westminster Station (A) zum Trafalgar Square. Erkunden Sie den Trafalgar Square und besuchen Sie doch die National (Portrait) Gallery.

Kehren Sie dann wieder zurück zum Trafalgar Square, wo es wieder laufen heißt, denn zur Queen fährt keine Underground oder ein Bus. Laufen Sie vom Trafalgar Square zum Haus der Queen: dem Buckingham Palace. Einen Katzensprung entfernt befindet sich der Covent Garden. Perfekt, um sich von weiterer Kunst beeindrucken zu lassen. Machen Sie doch einen kurzen Abstecher. Sie können die Busse 139 oder 176 von Trafalgar Square/Charing Cross Stn.

(G) bis zu Southampton Street/Covent Garden nehmen. Da es keine weite Entfernung ist, kann man auch laufen.

Nehmen Sie die Buslinie 15 von Aldwych (D) bis zur Great Tower Street. Während der Busfahrt fahren Sie an The Monument und der St. Paul's Cathedral vorbei und kommen schließlich zum Tower of London und zur bekannten Tower Bridge.

Jetzt geht es an das andere Ende von London. Gehen Sie zur Tower Hill Underground Station und nehmen Sie die Circle oder District Line (Westbound) nach South Kensington. In South Kensington können Sie durch das Natural History Museum, das Victoria & Albert Museum oder Science Museum schlendern oder die Royal Albert Hall besichtigen. Weiter geht es mit einem Kunstmarkt, dem Portobello Markt, der jedoch nur samstags ist. Die bunten Häuser in Notting Hill sind aber auch an jedem anderen Wochentag einen Besuch wert.

Nehmen Sie die Circle Line (Westbound) zum Notting Hill Gate. Vom Notting Hill Gate bringt Sie die Central Line (Eastbound) zum Marble Arch. Nehmen Sie beim Marble Arch den Bus 159 von der Haltestelle Marble Arch Station (L) zum Piccadilly Circus. Während der Busfahrt kommen Sie an der Oxford Street vorbei. Wer shoppen möchte, sollte hier einen Stopp einlegen. Ansonsten geht es am Oxford-Circus und der Regent Street vorbei und schließlich steigen Sie beim Piccadilly Circus aus. Die letzte Station der Sightseeing-Tour wird erreicht, indem man vom Piccadilly Circus zum Leicester Square läuft. Dort erwartet einen das Viertel Chinatown und ein M&M Store.

Wer noch nicht müde ist, kann der Paddington Station (Leicester Square Underground Station: Bakerloo Line Northbound bis Paddington) oder Camden (Leicester Square Underground Station: Northern Line via Charing Cross nach Camden Town) noch einen Besuch abstatten.

Be a Shopping Queen/King

In der Shopping-Stadt schlechthin verfällt jeder mal dem Shoppingrausch. London bietet einem die neusten Modetrends. Dies mag auch der Grund sein, warum zweimal jährlich die Fashion Week in der Stadt ist.

London hat viele Einkaufsbezirke und Einkaufsstraßen, die alle ihr eigenes Flair und Spezialitäten haben.

EINKAUFSSTRAßEN

Die wohl bekannteste Einkaufsstraße mag die Oxford Street sein, die man jedoch auf die Regent Street und Carnaby Street erweitern muss. Rundum diese 3 Straßen gibt es eine große Auswahl an Fashion und Kleidung für alle Preisklassen. Die Carnaby Street wird Ihnen eventuell sehr bekannt vorkommen, dass sie in einigen Filmen zu sehen ist.

GESCHÄFTE AM PICCADILLY CIRCUS

Am Piccadilly Circus gibt es für Sportler einen bekannten und riesigen Laden: das Lillywhites. Über 6 Etagen verteilt, findet man zu fast jeder Sportart etwas. Man möge jetzt vermuten, dass es sehr teuer dort sein könnte, jedoch gibt es oft Rabatte von 70 Prozent. Diesen Laden werden Sie ein paar Mal in London sichten, jedoch nicht in dieser Größe. Ebenfalls gibt es hier das Cool Britannia, in dem man außergewöhnliche Souvenirs erwerben kann, sowie das Fortnum & Mason, eines der ältesten Kaufhäuser der Stadt. Neben einem breiten Sortiment von Kaffee und Tee gibt es auch Porzellan, Wein, Süßwaren und mehr.

VINTAGE & SECONDHAND

Im Osten von London, im Gebiet von Shoreditch, Brick Lane und dem Spitalfields Market, sind viele alternative Geschäfte, Vintage Markets sowie Secondhand-Läden angesiedelt.

SOHO

Soho ist in der Nähe der Regent Street und der bekannten Oxford Street. Diese Gegend gehört zu den angesagtesten und auf der Carnaby Street befinden sich Läden wie MAC, Diesel, Vans, Puma, The North Face, Pepe Jeans, Büro, Toms, Lazy Oaf und viele mehr. Ebenfalls befindet sich hier die Kingly Court Passage mit zahlreichen Geschäften, Bars und Restaurants.

CAMDEN TOWN

Wer günstig Klamotten kaufen will, sollte nach Camden Town. Hier sind viele verschiedene Märkte, auf denen man vergleichsweise zu günstigen Preisen Fashion erwerben kann. Vergleichen Sie hier jedoch an mehreren Ständen die Preise, um nicht über den Tisch gezogen zu werden.

HARRODS

Wer jedoch ein prall gefülltes Portemonnaie hat und viel Wert auf teure Designerkleidung legt, ist im berühmten Kaufhaus Harrods richtig.

Hier kaufen unter anderem die Royals ein. Sollte das Kaufhaus kurzzeitig geschlossen sein, ist sicherlich ein Royal auf Shoppingtour. Ähnliche Kaufhäuser befinden sich in der Oxford Street und zwar das Selfridges und an der Regent Street das Liberty.

WESTFIELD LONDON

Unter einem spektakulären Glasdach befinden sich Luxusgeschäfte wie Louis Vuitton und Tiffany sowie auch Geschäfte für den kleinen Geldbeutel. Sie erreichen das Westfield London per Underground mit der Central Line oder per Overground. Der Stationsname lautet Sheperd's Bush.

Die Öffnungszeiten sind von Montag bis Sams-tag von 10.00 bis 22.00 Uhr und am Sonntag von 12.00 bis 18.00 Uhr.

Es gibt noch ein zweites Westfields, das Westfield

Stratford City, welches das größte städtische Einkaufszentrum in ganz Europa ist. Das Einkaufszentrum befindet sich neben dem Queen Elizabeth Olympic Park und hat Geschäfte aller Preisklassen.

FÜR MÄNNER

Geheimtipp für Männer in das Thomas Farthing. Es ist kleine Modeboutique, wo man Sakkos, Hemden, Schuhe, Taschen, Krawatte, Hüte und weiteres im englischen Stil erwerben kann. Die Qualität ist sehr hoch, der Preis angemessen. Ein sehr gutes Sakko kostet ca. 150 GBP. Der Laden befindet sich beim British Museum in der 40 Museum Street.

BÜCHER

Bücherwürmer sollten auf alle Fälle in das Daunt Book. Es ist eine der ältesten Buchhandlungen der Stadt. Die Läden verfügen über etliche Bücher aller Art und Sprachen.

FÜR NERDS

Wenn Sie auf Comics, Actionfiguren, Science-Fiction

und Fantasy stehen, lohnt sich ein Besuch im Forbidden Planet. Actionfiguren, Comics, Bücher, Unikate und vieles mehr kann man hier erwerben. Der Laden für echte Nerds befindet sich in der 179 Shaftesbury Ave beim Covent Garden.

OUTLETS

Wer gern ein Schnäppchen machen möchte, sollte nach Wembley Park fahren.

Neben dem Wembley Stadium gibt es hier auch das London Designer-Outlet, wo es die Kollektionen aus der Vorsaison zu günstigen Preisen gibt. Hier gibt es folgende Marken: Adidas, Bench, Converse, GAP, H&M, Levis, M&S, Nike, Timberland, Yankee Candle und viele mehr. Sie erreichen das Outlet mithilfe der Underground, die Station ist der Wembley Park.

Von der Station aus sind es ca. 10 Minuten Fußweg bis zum London Designer-Outlet. Den Eingang kann man schnell übersehen, da er sich zwischen zwei Gebäuden befindet. Des Weiteren sollte man nicht bei Regen dem Outlet ein Besuch abstatten, da es sich unter freiem Himmel befindet. Wer ein bisschen außerhalb von London zu Outlet-Preisen shoppen möchte, für den ist das Bicester Village geeignet. Es lässt sich hervorragend mit einem Besuch in Oxford verbinden. Hier findet man unter anderem Marken wie Boss, Burberry, Calvin Klein, Escada, Hackett, Levis, Mulberry, Prada und viele weitere.

Tipp: Der Sommerschlussverkauf in London be-ginnt meistens Ende Juni/Anfang Juli und dauert ca. 2 bis 4 Wochen.

Märkte

D ie vielen Märkte in London prägen das Stadtbild. Sie sollten unbedingt mindestens einen besuchen.

DER BOROUGH MARKET

Der Borough Market ist ein Feinschmecker-Markt. Er ist einer der ältesten Lebensmittelmärkte, die es in London gibt. Durch seine tolle Atmosphäre ist er ein beliebter Drehort für Filme und Kochshows. Er befindet sich unter den Eisenbahnpfeilern der London Bridge.

DER COLUMBIA ROAD FLOWER MARKET

Wer den Duft von Blumen liebt, sollte auf den bedeutendsten Blumenmarkt Londons gehen: den Columbia Road Flower Market. Die Straße wird zu einem intensiv duftenden, bunten Blütenmeer.

DER COVENT GARDEN MARKET

Aus einem ehemaligen Obst- und Gemüsemarkt ist ein Markt mit Lebensmitteln, Schmuck und Kleidung geworden.

Er ist ein Muss für alle Kunstliebhaber, da ebenfalls ein Kunsthandwerkermarkt und viele Straßenkünstler vorzufinden sind.

DER CAMDEN MARKET

Hier kann man fast alles erwerben was man sich vorstellen kann, von Kleidung und Schmuck bis hin zu Möbeln und Essen.

PORTOBELLO ROAD MARKET

Der Portobello Road Market ist ein ca. 2 km langer Straßenmarkt mit einer großen Auswahl an Antiquitäten aus der ganzen Welt. Hier gibt es auch eine riesige Auswahl an Klamotten, Schmuck, Möbeln, Lebensmitteln, Blumen und Secondhand-Gegenständen. Eine wunderschöne Atmosphäre zaubern die bunten Häuserfassaden.

OLD SPITALFIELS MARKET

Der Old Spitalfields Market gehört zu den ältesten Märkten, die es in London gibt. Der überdachte Markt findet seit mehr als 350 Jahren statt. Er befindet sich in der Nähe der Liverpool Street.

Durch seine Vielfalt wird hier jeder fündig. Neben den Marktständen sind auf der Außenseite bekannte Geschäfte von Marken und Pop-up-Boutiquen.

BRICK LANE MARKET

Im Keller der alten Truman Brauerei findet der Brick Lane Market statt. Man findet hier viele handgemachte Einzelstücke. Gegenüber der ehemaligen Brauerei befindet sich der Backyard Market. Hier findet man selbst gemachtes von Handwerkern aus der Umgebung. Angeboten wird alles, was man sich vorstellen kann, wie Schmuck, Kleidung, Kunst, originelle Souvenirs und einiges mehr.

In der Nähe befinden sich auch der Sunday Up Market, wo es hauptsächlich Lebensmittel gibt, die Boiler House Food Hall, in der man Schlemmen kann, und die Brick Lane Tea-Rooms, wo es Glaswaren, antike Möbel, klassische Literatur und Retro-Kunst gibt.

ALFIES ANTIQUE MARKET

Der Alfies Antique Market ist ein überdachter Markt für Antiquitäten, Vintage Mode und Designs. Auf fünf Stockwerken befinden 75 spezialisierte Verkäufer. Auf dem Dach befindet sich ein Café mit einer Sonnenterrasse und einem Panoramablick über London.

BROADWAY MARKET

In einer Shoppingstraße in London Ost Hackney ist der Broadway Market. Für den Feinschmecker und den kulturellen Eindruck wird einiges geboten. Von frischen Lebensmitteln über Streetfood und Mode bis hin zu Malereien und Kunstwerken ist alles an Ständen vertreten. Auch die etablierten Verkaufsläden, Restaurants und Pubs in dieser Gegend sind sehenswert.

GREENWICH MARKET

Seit dem Jahre 1700 gibt es den Greenwich Market schon. Er hat ein großes Angebot an unterschiedlichen Produkten. Von allerlei Essen, frischem Obst und Gemüse bis hin zu Schmuck, Fotografien, Antiquitäten und anderen Kunstgegenständen ist alles vertreten.

Ab ins Grüne

Über 200 Parks befinden sich innerhalb der Stadt. Es wird Ihnen sicherlich das eine oder andere Eichhörnchen über den Weg laufen. Oftmals sieht man ein Grauhörnchen, welches aus Nordamerika nach Großbritannien eingeschleppt wurde. Leider bedroht es die Existenz des heimischen roten Eichhörnchens.

Wer mehrere Stunden die Parkanlagen erkunden möchte, kann die Metropole auch ganz anders erleben. Starten Sie in der Nähe vom Trafalgar Square beim Admiralty Arch. Hier beginnt der St. James Park, in ihm befinden sich viele künstliche Seen, an denen man bis zum Victoria Memorial vor dem Buckingham Palace entlanglaufen kann. Dort wechselt man in den Green Park, der Sie bis hin zum Hyde Park Corner bringt. Der Weg führt durch einige Fußgängertunnel, mit denen Sie befahrene Verkehrsknoten unterqueren, und Sie kommen schließlich in den Hyde Park, den Sie in westlicher Richtung durchqueren. An ihn grenzen die Kensington Gardens, in denen sich eine Peter-Pan-Statue befindet.

Wussten Sie, dass das Great Ormond Hospital Lizenzgebühren für das Theaterstück Peter Pan bezieht? 1929 vermachte der Autor von Peter Pan, J. M. Barrie, die Rechte seines Werkes an das Krankenhaus.

Einen Besuch ist auch der größte botanische Garten der Welt wert, die Kew Gardens. An Sommertagen kann man vom Westminster Pier mit einem Boot hinfahren. Während der Fahrt kann man die wunderschöne Skyline von London betrachten. Auf dem großflächigen Gelände der Kew Gardens befinden sich unter anderem eine chinesische Pagode und mehrere Gewächshäuser aus der viktorianischen Zeit.

Harry Potter – Drehorte in London

W er kennt den Zauberlehrling Harry Pot-
ter nicht? 1997 veröffentliche Joanne K.
Rowling das erste der insgesamt sieben
Bücher. Im Jahre 2000 begannen in den Warner Bros.
Filmstudios in London die Dreharbeiten für die Verfil-
mung des ersten Bandes. Mittlerweile gibt es acht
Filme der Harry Potter Reihe. Die Filmreihe ist ausge-
sprochen erfolgreich.

Um in die Welt der Zauberer, Hexen und Muggel einzutauchen, muss man nicht unbedingt in das Filmstudio fahren. In London selbst sind viele Harry-Potter-Hotspots zu finden, zum Beispiel das Gleis 9 3/4, die Winkelgasse, das Reptilienhaus bis zur Zauberer-Bank. Los geht es also in der Muggel-Stadt London auf Harry-Potter-Suche. Die selbst geführte Tour kann eigenständig und an einem Tag durchgeführt werden.

Wir beginnen mit einem Besuch auf dem Leadenhall Market an der Monument Station und dann heißt es „Willkommen in der Winkelgasse". Schon im ersten Teil sieht man, wenn Harry mit Hagrid Schulutensilien kauft, diese Kulisse, denn hier wurden einige Außenaufnahmen für den Film gedreht. Doch damit Harry und Hagrid zur Winkelgasse gelangen, müssen sie zuerst in den Hinterhof des Tropfenden Kessels. Für den Teil *Harry Potter und der Stein der Weisen* wurde ein Geschäft in der Bull's Head Passage (ebenfalls am Leadenhall Market) als Eingang zum Tropfenden Kessel genutzt.

Weiter geht es ca. 1,1 km zu Fuß über die London Bridge zum Borough Market. Im Teil *Harry Potter und der Gefangene von Askaban* wurde der Drehort zum Eingang des Tropfenden Kessels verlegt, er befindet sich nun nicht mehr auf dem Leadenhall Market, sondern beim Borough Market, 7 Stoney Street. Grund dafür war, dass man die düstere Atmosphäre des Films unterstreichen wollte.

800 Meter westlich befindet sich nun ein weiterer Drehort, die Millennium Bridge oder auch Wackelbrücke genannt. Am Anfang des Teils *Harry Potter und der Halbblutprinz* ist die Millennium Bridge zu sehen. Bei einem Angriff der Todesser wird diese zum Wackeln gebracht und schließlich zerstört.

Den Namen Wackelbrücke hat sie jedoch nicht aufgrund dieser Szene bekommen, sondern durch die missglückte Eröffnung, bei der viele Fußgänger die Brücke zum Schwanken brachten. Die Brücke wurde daraufhin kurzweilig für Sanierungsarbeiten gesperrt und schließlich wieder freigegeben. Die St. Pauls Cathedral, die man von der Millennium Bridge sieht, ist ebenfalls im Film sichtbar.

> Tipp: Genießen Sie einen Kaffee im Tate Mo-dern und schauen sie sich von einem besonders gu-ten Ausblick die Harry Potter Drehort an.

Von der St. Pauls Cathedral, der Bushaltestelle St. Pauls Churchyard geht es mit dem Bus ca. 15 Minuten zur

Haltestelle The Royal Courts of Justice. Beim Ausstieg ist schon der nächste Drehort sichtbar: das Australia House. In diesem Gebäude befindet sich die australische Botschaft. Für die Harry Potter Filme diente das Innere für die Kulisse der Zauberer-Bank Gringotts. Leider bleibt uns der Eintritt in die Eingangshalle, wo im Film unfreundliche Kobolde sitzen, verwehrt.

Weiter geht es zu Fuß. Wir laufen ca. 1,3 km bis hin zur Ecke Great Scotland Yard/ Scotland Place. Wer lieber den Bus nehmen möchte, kann bis zur Whitehall Trafalgar Square fahren.

Hier an der Ecke befindet sich der Besuchereingang des Zauberministeriums. Im Film *Harry Potter und der Halbblutprinz* nutzen Mr. Weasley und Harry diesen. Die Telefonzelle, die die beiden dafür benutzen, gibt es leider nicht wirklich, sie wurde lediglich als Filmkulisse dort aufgebaut.

In 800 m Entfernung befindet sich der Palace of Westminster und der Big Ben. Im Film *Harry Potter und der Orden des Phönix* fliegen Harry und einige Mitglieder des Ordens des Phönix über London, unter anderem über den Palace of Westminster. Die Westminster Station wurde für die Szene, in der Mr. Weasley und Harry zu Harrys Anhörung im Zauberministerium fahren, einen Tag geschlossen. Seien Sie unbesorgt, wenn Ihr Ticket Sie nicht direkt durch die Schranken der Underground lässt, selbst Mr. Weasley passiert es in der Filmszene.

Von der hoffentlich nicht gesperrten Westminster Station geht es mit der Jubilee Line bis Green Park und dann mit der Piccadilly Line zum Piccadilly Circus. Alternativ kann man den Bus vom Parliament Square zur Regent Street nehmen. Die Fahrzeit beträgt jeweils ca. 10 min. Da die Entfernung nur 1,2 km beträgt, kann man diese, wenn man mag, auch laufen.

In *Harry Potter und die Heiligtümer des Todes Teil 1* wird die Shaftesbury Avenue am Piccadilly Circus zum Drehort, in der Szene, in der Harry, Ron und Hermine von Bill und Fleurs Hochzeit disapparieren, um den Todessern zu entkommen. Sie tauchen an der Shaftesbury Avenue wieder auf und werden beinah von einem typischen Londoner Doppeldeckerbus überfahren.

Weiter geht es mit der Bakerloo Line bis zur Marleybone Station und dann von der Bushaltestelle Dorset Square Marleybone Station mit der Buslinie 274 bis zur Haltestelle London Zoo. Im Reptilienhaus des Londoner Zoos findet Harry im Film *Harry Potter und der Stein der Weisen* heraus, dass er mit Schlangen kommunizieren kann. Er lässt die Schlange frei und stattdessen befindet sich sein Cousin Dudley im Terrarium. Es lohnt sich, das Ticket frühzeitig online zu kaufen, dadurch kostet das Ticket ca. 25 Pfund anstelle von ca. 30 Pfund. Der Zoo hat täglich von 10.00 Uhr bis etwa 16.00 und 17.30 Uhr geöffnet. Die genaue Öffnungszeit ist Jahreszeiten-abhängig.

Wir nehmen den Bus zurück zur Baker Street Station und fahren weiter mit der Circle oder Hammersmith Line bis King's Cross. Im Bahnhof King's Cross zwischen den Gleisen 9 und 10 befindet sich der wahrscheinlich bekannteste Drehort der Harry Potter Reihe in London – Gleis 9 ¾, das die Hogwarts Schüler nutzen, um jedes Jahr mit dem Hogwarts-Express zur Schule zu fahren.

Neben dem Schild „Platform 9 ¾" und einem halb verschwundenen Gepäckwagen befindet sich hier ein Harry-Potter-Fan-Shop.

Es gibt sogar noch eine zweite Platform 9 ¾ und einen Gepäckwagen, jedoch zwischen den Gleisen 3 und 4, wo der eigentliche Drehort ist, jedoch ist der Zugang nur mit gültigem Ticket möglich. Nebenan befindet sich der Hauptbahnhof St. Pancras der im Film *Harry Potter und die Kammer des Schreckens* zu sehen ist, als Ron und Harry mit dem fliegenden Auto dem verpassten Hogwarts-Express nachfliegen. Das Auto verschwindet schließlich im verbotenen Wald und rettet ihnen später im Film das Leben, als die beiden auf der Flucht vor Aragog und weiteren Spinnen sind.

Von der Haltestelle King's Cross/ St. Pancras geht es weiter mit dem Bus zur letzten Station unserer Harry Potter Tour. Die Haltestelle dafür ist Penton Street und wir wollen zum Claremont Square. Die Häuser des Claremont Square sind im Film der Grimmaudplatz 12 – das Hauptquartier des Ordens des Phönix. Die Häuser bewegen sich im Film auseinander und ein weiteres Reihenhaus erscheint.

Tagestouren von London aus

Mit dem Zug können Sie bequem auch andere Städte in der Umgebung von London für einen Tag erkunden. Meine Top 5 habe ich Ihnen nachfolgend aufgelistet.

Ich empfehle Ihnen die App „Trainline", die kostenlos für Android und IOS verfügbar ist. Über diese App können Sie einfach einsehen, zu welchen Zeiten das Ticket am günstigsten ist und es als Online-Ticket sofort auf Ihr Handy laden.

OXFORD

90 Kilometer nordwestlich von London liegt die Hauptstadt der Grafschaft Oxfordshire Oxford. Mit dem Zug kann man von London Paddington Station nach Oxford fahren. Bekannt ist Oxford für seine Universitäten und seine Drehorte für Harry Potter. Oxford hat eine wunderschön harmonische, jahrhundertealte Architektur.

> Probieren Sie im Café des Buchladens Waters-tones eine heiße Schokolade. Meiner Meinung nach die beste, die ich je getrunken habe.

Ein Besuch in Oxford lässt sich mit dem naheliegenden Outlet-Dorf Bicester Village verbinden.

CAMBRIDGE

Die Stadt Cambridge liegt in der Grafschaft Cambridgeshire und ist innerhalb einer Stunde von London aus zu erreichen.

Geprägt durch die weltberühmte Universität und die Studenten, herrscht in Cambridge eine charmante Atmosphäre. Ein Muss in Cambridge ist eine Fahrt mit einem der typischen Punts, ein flacher Streckkahn, auf dem Fluss Cam.

STONEHENGE

Windig, weit laufen und ein kleiner Steinkreis? Das soll das berüchtigte Stonehenge sein? Das waren meine ersten Gedanken, als ich Stonehenge aus dem Bus sah. Laufen muss man nicht vom Parkplatz bis zu den Steinen, sondern ein Bus bringt einen dorthin.

Man sagt, Stonehenge sei ein magischer Ort und mich hat er in seinen magischen Bann gezogen. Man weiß, dass es in der Jungsteinzeit erbaut und bis in die Bronzezeit genutzt wurde. Darüber hinaus ist bekannt, dass es von Nomaden erbaut wurde.

Das Gebilde besteht aus einer Grabanlage, die von einer aus mehreren konzentrischen Steinkreisen gebildeten Megalith-Struktur umgeben ist. Der äußere Steinkreis besteht aus einer Steinart, die Sandstein ähnelt, und stammt angeblich aus dem 13 km nördlich gelegenen Salisbury. Die inneren Steine sind Blausteine und stammen aus Wales. Ein sehr interessanter Punkt ist, dass man nicht wirklich weiß, welchem Zweck das Gebilde diente. Über den Zweck dieser Anlage gibt es verschiedene Theorien:

Eine dieser Theorien besagt, dass es so etwas wie ein Kalender sei, denn die Linien sind nach der Sommersonnenwende ausgerichtet. Eine andere besagt, dass es eine religiöse Tempelanlage sei. Eine weitere besagt, dass es ein Ort mit heilenden Kräften sei.

Die Menschen schlugen sich kleine Brocken aus den Blausteinen heraus und trugen diese als Amulett. Darüber hinaus findet man in den Gräbern Skelette, die sehr auffällige Krankheitsbilder aufweisen und denen zum Beispiel der Kopf geöffnet wurde. Wofür Stonehenge einmal diente, weiß man aktuell noch nicht, und es steht einem frei, sich für eine dieser Theorien zu entscheiden oder eine eigene zu entwickeln.

Ein kleines Museum gibt weitere Informationen über die Anlage, die Entstehungsgeschichte, die Ausrichtung, die Bearbeitung der Steine usw.

BATH

Übersetzt heißt Bath Bad. Den Namen bekam die Stadt aufgrund der heilkräftigen Thermalquelle, die seit vielen Jahrhunderten aus dem Boden sprudelt. Bath vereint Eleganz, Extravaganz und Kultiviertheit.

BRIGHTON

Etwa eine Zugstunde südlich von London liegt die Stadt Brighton, die sich am Meer befindet. Am Kiesstrand befindet sich der bekannte Brighton Pier, auf dem Fahrgeschäfte und Essensstände sind. Brighton ist auch für seine Kunstszene, Einkaufsmöglichkeiten, Festivals und das Nachtleben bekannt.

Herstellung und Verlag:

BoD – Books on Demand, Norderstedt

ISBN: 9783755786214

© Amelie Rosskamp 2022

1. Auflage

Kontakt: Psiana eCom UG/ Berumer Str. 44/ 26844 Jemgum

Covergestaltung: Fenna Larsson

Coverfoto: depositphotos.com